ROGER HAAS

Les Divorceurs

> Il y a dans l'épithète d'égoïste adressée par un homme marié à un célibataire encore plus de jalousie que de stupidité.
>
> Haàs.

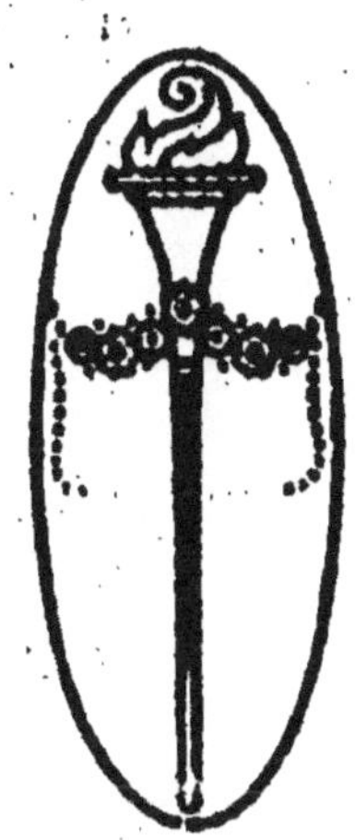

JOUVE & Cie, ÉDITEURS
15, RUE RACINE — PARIS-VIe
1919

Les Divorceurs

ROGER HAAS

Les Divorceurs

> Il y a dans l'épithète d'égoïste adressée par un homme marié à un célibataire encore plus de jalousie que de stupidité.
>
> Haas.

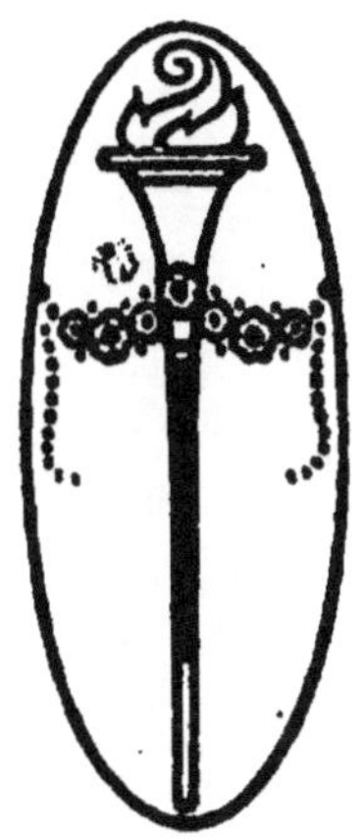

JOUVE & Cie, ÉDITEURS
15, RUE RACINE — PARIS-VIe
1919

AUX PLUS ARDENTS FÉMINISTES

AUX PLEURNICHEURS
DE LA DÉPOPULATION
ET A SES MÉDICASTRES

AUX COMÉDIENS
DU MARIAGE MODERNE

PRÉFACE

Je veux vivre ma vie, elle vaut la peine d'être vécue, j'ai droit au bonheur !

Phrases creuses, vides de sens, échappées de cervelles d'oiselets faussées par le roman, répétées par celles qui demandant au mariage plus qu'il ne peut leur donner, viennent au divorce comme les alouettes au miroir, tomber sous le feu meurtrier de la réalité et de la vie.

Etes-vous satisfaits de votre œuvre, apôtres des droits de l'homme libre, de la femme libre, de l'enfant libre, de l'union libre, de toute la « chiennerie libre » contemporaine ; de ce que vous appelez, ô venimeuses araignées de la toile romano-judiciaire, l'élargissement du divorce, devenu grâce à vous l'indispensable pousse café du mariage ? Le mariage ? Il n'existe plus.

Seule subsiste... pour la façade l'armature craquelée, fendillée, pourrie, disparaissant au moindre souffle de « l'incompatibilité d'humeur » des malheureux assez fous pour croire à l'illusoire bonheur que vous promettez.

On se marie, on divorce : on se remarie, on redivorce.

Le mariage n'est plus qu'une passade, la mairie la maison du même nom, le maire le tenancier.

On paie en entrant, on paie plus cher encore en sortant.

Il en est qui touchent aux deux portes : les hommes de loi. Saluez, et payez.

Le Divorce lui-même et ses acolytes sur l'estrade battent la grosse caisse et racolent le client.

«Entrez mesdames, messieurs, çà n'engage « à rien. Le bail ? Pour la forme seulement, « bail de foire, avec boniment de camelot.

« Vous vous prenez en réalité à la journée, « à la nuit, à l'heure même. Vous pourrez « divorcer en redescendant l'escalier. Une « petite injure grave » une toute « petite injure « grave » création de la maison, suffit pour « vous rendre la liberté.

« Jamais d'insuccès. Vous entendrez tout « à l'heure les spirituelles plaidoiries de notre « distingué camarade, maître X..., président

« de la Société du Droit au bonheur et Cie.
« Il est unique, prestigieux. Il vous casse un
« mariage comme un morceau de sucre, et
« il en fait des heureux !

« Avant mon installation à laquelle j'ai su
« donner tous les avantages du confort mo-
« derne vous pouviez hésiter devant le ma-
« riage. J'ai ramené à moi ces hésitants du ma-
« riage, en leur ouvrant toutes grandes les
« portes de l'évasion. Le résultat est mer-
« veilleux. J'ai augmenté considérablement
« mon chiffre d'affaires, tout en augmentant
« le nombre des hyménées. Mon grand pa-
« tron l'état est enchanté, moi aussi.

« Je suis un consciencieux artisan de la dé-
« population, et je m'en réjouis. Détruire est
« mon plaisir. Plus que Malthus, l'alcool et la
« tuberculose, vieilles rengaines étalées sur
« tous les murs j'offre au crime et au suicide
« un agréable contingent.

« Pourquoi instituer l'union libre, puisque
« le mariage avec le divorce à courant con-
« tinu procure d'aussi parfaits résultats et
« permet de mentir odieusement en ce qui
« concerne les enfants issus du mariage, leur
« semblant de bonheur, leur sécurité d'ave-
« nir factice, leur bien-être, et offre à tous les

« requins qui se précipitent à la curée quand
« le mariage se dissout, des bénéfices rému-
« nérateurs... et des petites femmes à bon
« compte.

« Un des époux ne veut-il pas recourir à
« mes bons offices ? Je sais bien l'y contrain-
« dre l'imbécile. Après trois ans de séparation
« de corps et de biens, j'arrive triomphant et
« je pose ma griffe légale sur les ruines de la
« famille que j'ai fait disparaître.

« Les enfants ! Les enfants ! Mais en quoi
« les enfants m'intéressent-ils !

« En ai-je assez contenté des maris qui
« grâce à moi ont pu épouser leurs maî-
« tresses, des femmes quittant leur bourreau
« conjugal pour épouser leurs amants !

« Non, je ne m'embarrasse nullement des
« questions d'enfants. J'opère indifféremment
« dans les ménages avec ou sans enfants.
« Quand il y a des enfants, je me fais payer
« davantage. Il y a plus de travail.

« Alors ce travail, devient un art, un art
« exquis, sublime, presque divin : l'art d'ar-
« racher un enfant à son père, ou à sa mère
« en mentant, calomniant, bavant tout le fiel
« et la haine que m'inspire la famille.

« Les parents se disputent la garde des en-

« fants généralement. C'est très amusant.
« Moi çà ne me gêne pas. Quand les difficul-
« tés sont tropgrandes, je mets les enfants en
« pension. Excellent moyen de m'en débar-
« rasser.

« Mon but est le bonheur de l'adulte. L'en-
« fant ne m'intéresse pas après tout, il n'avait
« qu'à ne pas naître.

« Je cause le malheur des enfants? Sensi-
« blerie que tout cela ; et puis que voulez-
« vous que cela me fasse si ma maison pros-
« père?

« Les parents, la famille, le Monde disent
« bien d'un air dégagé : « C'est malheureux
« pour les enfants» — mais ai-je besoin de
« tenir compte de leur opinion puisqu'ils sont
« les premiers à passer outre et ne cherchent
« que le bonheur que je leur procure?

« Ah! Ah! que c'est beau l'amour! Vive
« le bonheur et la joie ».

Le petit Paul, un blondinet aux yeux doux et bleus, avait tout entendu. Il pleurait, caressant machinalement son canif : la lame longue et pointue. Son père le lui avait donné, à sa dernière visite en pension, où il n'avait « le droit » de le voir qu'une fois par mois.

L'enfant se glissa derrière le pitre, qui ricanait, ouvrit le canif, et le lui enfonça jusqu'au manche entre les épaules en criant très fort : « Moi aussi, Canaille, j'ai droit au bonheur ».

L'autre roula dans un hoquet de dégoût et d'infamie, vomissant le sang à flots aussi abondants que les larmes qu'il avait fait couler; tentateur véreux des hésitants du mariage; abject et méprisable symbole de jouissance et d'égoïsme, sacrificateur d'enfants, destructeur du foyer et de la famille, Champion des plus sales et des plus louches combinaisons de chair et d'argent !

Les Divorceurs

Une femme divorcée est une mauvaise serrure qui change de clef. Il lui faut un passe-partout.

❖

Habitude ! Lassitude ! Creuset fatal où se fondent pour disparaître les tendresses les plus sincères et les plus passionnées des amants.

❖

Certains prétendent qu'on doit faire de sa femme sa maîtresse. Discutable. Mais faire de sa maîtresse sa femme, quelle folie !!

On reproche parfois à certains esprits chagrins de ne voir dans la vie que les misères et les tristesses. C'est reprocher aux aveugles congénitaux de ne pouvoir décrire la lumière.

❖

L'argent entretient l'amour ou le tue : affaire de dose. Ainsi le souffle ravive la flamme ou l'éteint.

❖

Dans les ménages le malheur arrive souvent et se propage par les domestiques comme la peste vient par les rats...

❖

Les femmes ne veulent voir dans le mariage qu'un roman alors qu'il est une histoire. L'aridité et ladifficulté de la lecture augmentent à chaque page. Bien peu ont le courage d'aller jusqu'au bout.

La société ? Un guignol avec des pantins : les ficelles sont les lois : Sur le museau de ces histrions des masques ; les conventions : des pompiers de service malodorants, les gendarmes : et pour diriger le tout, une bande de pitres grassement payés.

❖

Involontairement se rattache à telle campagne fleurie, à tel coin de mer ou de montagne où vous fûtes autrefois le souvenir de votre état d'âme à ce moment-là. C'est une empreinte qui ne s'effacera pas. Mais le souvenir, cette photographie de l'âme et des yeux vous poursuit longtemps, vous suit toujours jusqu'à ce que l'appareil tombe, et que les yeux se ferment.

❖

Le sacrifice donne parfois à son auteur une telle somme de joie qu'on peut arriver à trouver superflues les louanges.

Pourquoi tant de gens qui n'ont rien à regretter de la vie craignent-ils tant la mort ?

Parce qu'ils ont peur de trouver encore plus mal.

❖

Avez-vous jamais vu une femme être exacte à un rendez-vous donné par son mari ? Jamais. Par son amant ? Quelquefois.

❖

La pitié est le parfum d'une fleur rare qui ne se cultive pas et repousse sitôt cueillie : la Bonté.

❖

La bonté est un trésor que certaines jolies femmes n'ont pas le bonheur de posséder. Elles ressemblent à ces fleurs éclatantes de beauté, mais sans parfum, à ces fruits magnifiques aux harmonieux contours, aux belles couleurs mais sans arôme. On les croque... une fois... par hasard... sans en racheter.

Jeune homme on glane, homme jeune on espère, Vieil homme on regrette.

❖

La bonté à besoin de l'intelligence. Elle n'est sans cette dernière que faiblesse et niaiserie et les obligés sont les premiers à rire du bienfaiteur.

❖

Pour vivre sa vie, il faut vivre aux dépens des autres. Ce principe d'amoralité est admis par toute la clique des partisans du droit au bonheur. Ces gens-là n'ont qu'une crainte, celle des gendarmes; qu'un but, la jouissance chronique. Tous les moyens leur sont bons. Ils forment un mélange sinistrement panaché de Machiavel et de Cartouche.

❖

L'égoïste ne vit pas, il regarde vivre.

Cherchez bien. Dans tous les ménages la cause de discorde est presque toujours une question de lit.

❖

L'amour est fugace, la haine est durable parce qu'il faut plus de temps pour cicatriser une blessure que pour l'infliger.

❖

Ce dont souffrent surtout les êtres humains doués de bonté est de sentir la méchanceté des autres.

❖

Si l'amour n'était pas aveugle et n'était que borgne. Il n'existerait pas.

❖

Le mariage ? Une galère.
La vie conjugale ? La mer en furie.

Tout autour : Les Requins.
Malheur à qui tombe à l'eau.

❖

Je crois qu'il est préférable d'avoir une femme qui ne vous aime pas assez, qu'une femme qui vous aime trop. Il y a des remèdes pour la première, il n'y en a pas pour la seconde.

❖

Mais je n'ai rien à me mettre, vous dira naïvement une femme dont l'armoire est pleine à éclater. Le plus drôle est qu'elle le croit.

❖

La femme ? Fleur qui se fane.
L'homme ? Future poire tapée.

Contrairement à ce qu'on pense souvent, les ménages sans enfants sont parmi les moins mauvais. Peut-être après tout, qu'en ce cas la femme a le temps de penser à son mari.

❖

L'homme qui comprend les femmes est celui qui sait s'en faire aimer sans les aimer lui-même, tout en leur laissant croire qu'il les aime.

❖

Les jeunes filles se marient par amour de la liberté. Femmes elles la regrettent ; et veuves, libres elles la reperdent... en se remariant.

❖

Le « Devoir conjugal » géniale découverte de la civilisation et du Code, parfum subtil d'un prétendu vernis social, avec tout le ripolin de l'épicerie judiciaire, et le burlesque spectacle de guignol.

La sensibilité, notes profondes et graves, harmonieuses et douces, chanterelle du cœur qui vibre, souffre et meurt, dans une boîte trop épaisse pour qu'on puisse l'entendre, et trop dure pour qu'on puisse l'ouvrir.

❖

Pour aimer le Monde, il faut ne pas le connaître.

❖

Il y a dans l'épithète d'égoïste adressée par un homme marié à un célibataire encore plus de jalousie que de stupidité.

❖

J'aime la société des femmes, disait M. X... à M. Y... qui lui répondit : « Vous devez aussi préférer les levers de rideaux aux pièces de théâtres.

Le mariage est le contraire du théâtre. Le dernier arrivé est le mieux placé, et le troisième mari d'une femme est plus avantagé que le premier.

❖

Une veuve qui se remarie préfère généralement son second mari... parce qu'elle ne se souvient plus très bien du premier.

❖

Qui donc n'admirerait la puissance formidable de conception et d'intelligence de nos législateurs ? Voilà des gens qui, malgré toutes les lois faites, trouvent constamment le moyen d'en fabriquer d'autres,

Et ce n'est pas fini...

Ils sont prodigieusement forts !

❖

Le régime du mariage est celui des concessions à perpétuité.

La ruse des femmes est telle, qu'elles arrivent à faire des maris les plus trompés les plus ardents féministes.

❖

Un foyer d'affection se change parfois en foyer d'infection.

❖

La jeune fille, devenue femme, est un papillon qui « parfois » se transforme en chenille.

❖

On ne sait pas pourquoi on plaît à une femme, on ne sait pas pourquoi on lui déplaît, il doit y avoir une influence de la température.

❖

La pêche au mari se pratique beaucoup de nos jours. Elle est souvent fructueuse grâce à l'habileté de ces dames qui savent varier leur amorce suivant l'espèce à attraper.

Un appât ne réussit point, elles en prennent un autre. L'animal finit par mordre ; alors !..... couic... enlevez... dans le baquet.

◆

J'éprouve pour un homme qui de nos jours et « malgré tout » devient un mari, la même crainte que pour un pompier qui se jette au feu... et le premier est encore plus courageux que le second.

◆

Mariés ! Sans enfants ! Sous quel régime ? Peu importe. Griefs, inimitié, haine même réciproque. L'un des deux époux meurt. L'autre hérite, partiellement, nécessairement, *obligatoirement*. Qui a introduit dans le Code, l'impossibilité pour un mari de déshériter sa femme et réciproquement ?

Cocu, battu, ne suffit pas.

Celui qui reste... touche, quand même et malgré la volonté de l'autre conjoint.

❖

Il reste un fait acquis et merveilleux. La loi n'oblige pas encore un divorcé ou une divorcée à se remarier ! ! Mais patience.....

❖

D'aucuns prétendent le mariage nécessaire pour légitimer les enfants. Les bons apôtres ! Laissez répondre, les centaines de milliers d'enfants de parents divorcés : les pauvres petits sont enfants légitimes. Cela leur fait plaisir !

Légitimement malheureux.

❖

Avez-vous remarqué en assistant aux cruels spectacles des courses de taureaux ou des combats de boxe, l'animosité, l'impatience, l'acharnement, la joie féroce de certaines femmes à la vue des blessures et du sang ?

Avez-vous vu ces êtres de « grâce » et de « douceur » stimuler de leurs vivats et exciter de leurs rugissements les malheureux à bout de souffle et de vie ? C'est la tigresse qui excite le mâle avant de se donner au vainqueur et qui devient l'esclave docile de la brute dont elle subira à la fois les caresses et les sévices. Douces créatures !!

❖

Il faut de l'argent ce produit humain pour venir au monde ; il en faut pour vivre, il en faut pour disparaître. Civilisation.

❖

Pour certaines femmes la valeur d'un homme se juge aux satisfactions sensuelles qu'elles en reçoivent.

❖

Il y a dans les restaurants, les compartiments de chemins de fer, les omnibus ou tramways, deux catégories d'individus des deux sexes. La première comprend les « rouges-gorges » la seconde, les « culs-blancs ». Le rouge-gorge comme l'indique son nom est congestionné, rouge, cramoisi parfois : il mange bien, boit de même, et veut ouvrir les fenêtres ayant toujours trop chaud. Le cul-blanc a toujours froid, a peur de s'enrhumer, ferme avec défi et avec rage les fenêtres ouvertes, par le rouge-gorge ; il ne boit que de l'eau, il traite le rouge-gorge de goujat et d'alcoolique.

Le mariage d'un rouge-gorge et d'un cul blanc donne naturellement de pitoyables résultats : à déconseiller formellement.

❖

La « noble et honneste dame » s'habille d'autant plus légèrement que le temps est plus froid. C'est un axiome. La boue est-elle épaisse ? La neige couvre-t-elle le sol ? Vous lui verrez immédiatement des petits souliers très décolletés et des bas à jour. Elle n'a pas de poche, mais un sac ne contenant que des futilités, miroir, poudre de riz, embryon de mouchoir de poche inutilisable, bâton de couleur, tout un arsenal de poupée. Elle perd ce sac en accusant de cette perte les omnibus, les tramways, les voitures...... ou le mari.

J'apprends en dernière heure qu'elle réclame énergiquement le droit de « voter ».

Cela n'a aucune importance : elle se trompera de nom, ou perdra le bulletin. Allons-y donc.

❖

La femme aime l'uniforme comme la grenouille aime l'étoffe rouge.

❖

Après avoir tué et fait tuer les vivants, la société, Cabotine, salue et fait saluer les morts.

❖

Quel plus grand éloge que celui d'être traité « d'original » par les imbéciles, et d'imbécile par les autres.

❖

Bien des gens croient très sérieusement que le

mariage est obligatoire comme le service militaire. Le principe? La société. Le prétexte? La situation des enfants. Farceurs, va.

❖

Le singe fait des grimaces mais pas de caresses. Le chien fait des caresses et pas de grimaces. Prenez un bipède avec les grimaces du singe et les caresses du chien; vous avez l'homme « aimable » et « qui plaît ».

❖

Se marier! héroïque décision qui dénote chez l'être humain qui la prend un grand courage... ou une profonde simplicité.

❖

Si, comme le dit Balzac, la femme mariée est un esclave qu'il faut savoir mettre sur un trône, les femmes mariées d'aujourd'hui se mettent elles-mêmes sur le trône et envoient leur roi par terre.

La situation naturelle et physiologique de la femme est l'horizontale : c'est la situation qu'elle occupe dans les pays orientaux. Nous l'avons mise verticale, et, depuis ce moment-là, elle danse une gigue effrenée dont nous ne viendrons jamais à bout. Il est grand temps de la replacer dans sa position primitive.

❖

Echapper au divorce prononcé contre soi, à une pension alimentaire à faire à sa femme, et à son amant, ou à la mort violente causée par son épouse : au vol légal de ses enfants, et s'en tirer en n'étant que cocu, voilà ce qu'un mari actuel peut considérer comme un heureux résultat.

❖

Le mari actuel a toujours tort en justice : la femme adultère a le *droit* d'épouser son complice, mais elle a le *droit* aussi de se faire payer par son ancien mari une pension alimentaire avec laquelle elle entretiendra son amant : c'est la loi.

Remarquez deux femmes causant entre elles de leur mari ou d'un mari quelconque. L'une des deux dira toujours : Il ne me rendait pas heureuse ou il ne la rendait pas heureuse. Elle ne dira jamais : Je ne le rendais pas heureux ou *elle* ne le rendait pas heureux. C'est dans l'ordre, vous pouvez conclure.

⁂

A force d'encenser la femme, de la mettre sur un piédestal, de consacrer des pages entières, dans les grands quotidiens, aux « Samedis de la femme », à « ce qu'une femme doit savoir » nous avons divinisé ces êtres pour la plupart déjà si vaniteux.

Le roman, le théâtre leur ont appris que non seulement elles peuvent, mais doivent vivre leur vie, qu'elles ont droit au bonheur, à l'amour. Remarquez bien que le droit seul existe, et qu'il n'est jamais question de Devoir. La famille, les enfants nécessitent un Devoir à remplir : supprimons-les.

Je ne t'aime plus, j'en aime un autre. Je divorce... Je me remarierai avec l'homme que j'aime.

Que les enfants se débrouillent : tant pis pour eux, je veux « vivre ma vie ».

Elles la vivent, et les magistrats opinent du bonnet. C'est à pleurer de dégoût.

❖

Une femme mère de six enfants divorce pour épouser son amant. Elle n'aime plus son mari parce que ce dernier lit trop, dort trop et aime trop sa mère.

Amen ! disent nos bons magistrats. Nous prononçons le divorce ; cette femme a droit au bonheur ; à elle une nouvelle existence. Quant aux enfants, c'est bien simple. Les numéros pairs iront au père, les autres à la mère. En appel, jugement confirmé. C'est le Sacrifice légal des enfants au nom du Droit au Bonheur de l'Adulte.

Voilà où mène la civilisation et ceux qui prononcent de semblables divorces osent encore parler de foyer, de famille et de l'*Intérêt de l'enfant*.

Quels tartufes !!!

❖

Les femmes savent qu'elles ont toujours raison en justice. Elles en usent, elles en abusent. Le

Trémolo du grand avocat du Droit au bonheur, qui vient chanter : les enfants à la mère réussit toujours. Elles auraient vraiment tort de se gêner..

❖

Les droits du père de famille n'existent plus aujourd'hui : La mère seule est puissante. Remettre le sort de ses propres enfants, de ce qu'un homme a de plus cher au monde entre les mains de 3 ou 5 individus qui dorment derrière un comptoir s'appelle démander justice. Quel est le résultat?... Il est écrit d'avance. Si c'est une fille, ils la donnent à la mère ; si c'est un garçon, ils le donnent aussi à la mère.

Pourquoi ?... Parce qu'elle est femme, aimable, gracieuse et qu'elle sait sourire à monsieur le président : cela suffit.

❖

Les magistrats sont des gens qui étudient le cœur humain dans le Code, et qui savent toujours répondre par un numéro à la souffrance humaine.

❖

Les avocats ont le droit légal de mentir et de calomnier, les magistrats celui de dormir : jugement à huitaine !

❖

Si le jury d'assises devant qui se traitent les affaires dites passionnelles, n'était composé que de magistrats, la guillotine fonctionnerait nuit et jour.

❖

Il paraît qu'il ne faut pas se faire justice soi-même. A qui faut-il s'adresser pour l'obtenir ?

❖

Une femme est surprise en flagrant délit d'adultère par son mari. Le divorce est prononcé contre elle, mais en 1913, elle a la garde de ses enfants parce que l'Avocat du « Vivre sa vie » s'écriera avec des larmes dans la voix : Messieurs ! épouse coupable, c'est vrai, mais c'est une mère, on n'arrache pas des enfants à leur mère..? Madame, vous pouvez continuer. Et puis, nous allons rendre votre mari féministe : « Monsieur, vous n'aurez plus vos enfants : vous paierez trois pensions, une à votre femme, une à vos enfants, et une troisième à l'amant de votre femme.

❖

Comme grande cause de dépopulation, nos pantins politiques ont trouvé l'alcoolisme et la tuberculose. Je leur en signale une autre : le divorce.

Créer de pauvres petits êtres qui, grâce au talent de Naquet deviennent plus malheureux que les bâtards d'autrefois est un acte qui peut demander de la réflexion. Beaucoup hésitent ; ils ont raison.

Le mariage actuel n'est qu'un contrat hypocrite. C'est une union libre déguisée. Un pacte qui peut être plus facilement rompu que contracté n'est pas un pacte et ceux qui le cimentent sont des idiots ou des misérables.

❖

Dans quelques années, ou le divorce n'existera plus, ou il n'y aura plus de mariage, il faudra choisir...

❖

Beaucoup de jeunes filles se marient en disant : « Si cela ne marche pas, je divorcerai : Le divorce ?... Elles y pensent toutes avant le mariage : les jeunes gens aussi d'ailleurs... moins souvent — Etonnez-vous, après cela, qu'il n'y ait pas ou peu de bons ménages.

❖

On ne fait de concessions que quand on aime ou quand on y est obligé.

Pourquoi, faire des concessions avec le merveilleux échappatoire du divorce ?... Et les enfants, demandez-vous ?... Bah ! les enfants, je n'ai pas besoin de me sacrifier pour eux. Pour la reconnaissance que j'en aurai ! Ils se débrouilleront. Moi d'abord. Voilà de la vraie « chiennerie ».

On envoie à l'homme qui se marie des félicitations. On ferait mieux de lui envoyer une couronne avec cette inscription : « Attention à votre existence, à votre porte-monnaie, et surtout à vos enfants, si vous en avez ».

Il est curieux de voir comme les gens qui se disent malheureux en ménage, surtout les femmes se remarient vite. Ça n'est pas le cas de dire : Chat échaudé craint l'eau !

Les femmes disent : On ne peut divorcer avec un fou. C'est vrai. Mais les hommes peuvent dire : On ne peut pas divorcer avec une folle,et il y en a pourtant quelques-unes. Alors ?...

C'est de l'égalité, cela, de quoi vous plaignez-vous ?...

❖

Le droit de visite des parents aux enfants en cas de divorce. Un père,une mère, sont autorisés à voir leurs enfants, à des jours, à des heures déterminées par d'autres hommes. Est-il rien de plus barbare ?... Est-il rien de plus bête ?... La chair de sa chair, son enfant. Il faut une autorisation de justice pour voir *son* enfant.

Les Canaques de l'Afrique centrale ne trouveraient pas cela. Et c'est nous les civilisés. Quelle tartuferie.

❖

Il y a des gens qui vous répondent : Mais, si on ne se mariait pas, que deviendrait l'humanité ?... Les imbéciles, comme s'il ne devait pas y en avoir jamais assez pour leur ressembler.

Le choix d'un bon avocat au moment de l'installation d'un jeune ménage est aussi utile que celui de la chambre à coucher.

❖

Les magistrats n'aiment pas les médecins. Cela se comprend. Les seconds soulagent souvent, consolent toujours. Les premiers se plaisent dans la chicane, la douleur et les larmes.

❖

Avez-vous un bon avocat ?... Tout est là. Mais s'il s'agit du mari, cela ne lui servira pas à grand chose.

❖

Qu'est-ce qu'un divorce ?... Presque toujours le Waterloo du mari, mais l'Austerlitz de la femme.

Le mariage moderne est un duel à mort. Le mari est toujours sûr de rester sur le pré. Les témoins sont des magistrats.

❖

La femme divorcée qui a des enfants et qui se remarie s'assimile elle-même à une veuve. Cela n'est pas tout à fait pareil. Le père qui aime ses enfants le lui fait parfois comprendre.

❖

Madame, vous demandez le divorce. Pourquoi ?...

— Mon mari me bat, monsieur le Président.

— Pourquoi vous bat-il, Madame...

— Parce que je le trompe, monsieur le Président.

— Pourquoi le trompez-vous, Madame ?...

— Parce que je ne l'aime plus, monsieur le Président.

— Avez-vous des enfants ?.. Madame.

— Oui, monsieur le Président, un petit garçon et une petite fille.

— Les aimez-vous ?...

— Oh ! monsieur le Président, pensez-donc, une Mère !

— Votre amant est gentil garçon ?...

— Oh ! monsieur le Président. C'est un garçon doux, aimable, spirituel, tout le contraire de mon mari.

Jugement à huitaine : Attendu que le mari s'est conduit vis-à-vis de sa femme comme une véritable brute, qu'il la battait, la martyrisait, que celle-ci, vivant avec un semblable énergumène est très excusable de refaire sa deuxième vie, qu'il est indigne et monstrueux pour un homme, comme l'a dit le poète, de lever la main sur une femme.

Attendu que le mari n'est pas intéressant, que, s'il est le père de ses enfants, *ce qu'il ne peut d'ailleurs pas prouver, et en justice, nous voulons des preuves,* Mme X... est incontestablement la mère, et qu'elle a pour ses enfants la tendresse la plus vive. que la femme moderne a parfaitement le droit de tromper son mari, et que nous lui conseillons vivement, dans un but facile à comprendre qui est la propagation de l'espèce et l'intérêt des enfants, d'épouser son amant.

Attendu que cet amant n'est pas riche, mais que Mme X,.. est très riche et qu'on doit s'entr'aider dans la vie et dans le commerce d'homme à femme.

Que cet amant, d'ailleurs connu et estimé du tribunal appartient à la meilleure société parisienne et aime particulièrement le poisson de mer; que le tribunal veut lui en faciliter l'achat.

Qu'il sera pour les enfants de Mme X... un excellent beau-père.

Que chaque individu a droit au bonheur. Que Mme X... a droit au bonheur — que l'amant a droit au bonheur — que le président du tribunal et ses assesseurs ont droit au bonheur, que ce mari vient indécemment troubler.

Attendu que le sieur X... est un mauvais père, un mauvais mari qui ne surveillait pas sa femme, mais la battait, qu'il va devenir dans la suite et nécessairement un dévoyé, un hors la loi, un véritable détritus social, qu'il peut s'estimer très heureux, que sa femme ait eu recours aux tribunaux et ne l'ait pas supprimé sans autre forme de procès.

Le tribunal ordonne :

1° Le divorce est prononcé au profit de la femme: les enfants à la mère ;

2° Le mari paiera pour ses enfants une pension équivalente aux deux tiers de son salaire annuel;

3° L'autre tiers sera versé tous les ans pour la femme et l'entretien du nouveau ménage ;

4° S'il naît de nouveaux enfants du nouveau lit, nous ordonnons au premier mari de subvenir à leur besoin ;

5° Nous préoccupant nous, magistrats et juges uniquement de *l'intérêt de l'enfant*, et pour éviter des tiraillements si pénibles de l'enfant, entre parents divorcés, ordonnons que le père verra ses enfants le 1er janvier de chaque année bissextile de 2 à 4 heures. Les enfants seront amenés à leur père à 2 heures par le deuxième mari, celui-ci les reprendra lui-même à 4 heures ;

6° Ordonnons aux enfants d'insulter et de mépriser leur père en réservant toute leur tendresse au mari de leur mère;

7° Condamnons M. X... en tous les dépens dont distraction sera faite au sujet de Mtre Q.Requin agréé près du tribunal civil de la Seine, ordonnons à tous les officiers ministériels et représentants de la force publique de veiller à l'exécution du présent décret. « Pour copie non conforme », X...

❖

Vous ne vous mariez pas ?...

— Non.

— Pourquoi ?...

— Parce que je ne tiens pas à être cocu légalement, ni à ce qu'on me vole très légalement mes enfants, si j'en ai. Mais pourquoi seriez-vous cocu légalement ?...

— Parce qu'une loi, récente, autorise la femme à épouser son amant, à divorcer, à se remarier, à redivorcer, et à recommencer ainsi de suite.

— Mais si le mari se plaint et manifeste ?...

— On l'enferme. On le bat, ou on le tue comme un être malfaisant et nuisible aux manifestations sacrées des droits sacrés de l'amour. Une fois enterré, les héritiers du mari touchent 25 francs, prix de l'adultère de la femme.

Est-ce que la femme n'a pas le droit de tuer elle-même son mari ?...

— Mais si. C'est même un moyen que les hommes de loi ne leur conseillent pas, mais qu'elles trouvent toutes seules.

— Quels moyens emploient-elles, dans ce cas-là ?...

— Le browning le plus souvent. C'est propre et commode. Quelquefois le plomb fondu, doucement glissé dans l'oreille du mari pendant son sommeil donne d'excellents résultats.

Mais les enfants, dans tout cela, qu'en faites-vous ?...

Les enfants ?... Tiens, c'est vrai. Je n'y pensais pas, mais à la mère... Parbleu, en voilà une question.

Mais enfin, si la mère est une créature indigne, une égoïste, sacrifiant ses enfants à ce qu'elle croit être son bonheur ?

— Tant pis, c'est la Mère.

— Mais enfin, admettez-vous qu'une femme qui aime ses enfants puisse songer à divorcer, à se remarier, dix mois après, à refaire sa vie suivant l'expression consacrée ?...

— Oui, monsieur, je l'admets. Cette femme aime ses enfants à sa façon, et puis, c'est la Mère.

— Que diable, si elle est malheureuse ou se croit malheureuse, elle a le droit de se faire une deuxième existence, puis une troisième. En voilà un sauvage.

— Ne vous mettez pas en colère. Oui, entre se sacrifier elle-même ou sacrifier ses enfants, elle n'hésite pas, elle choisit la seconde solution.

— Mais elle ne sacrifie pas ses enfants, puisqu'elle les a toujours.

— Et l'autre, le deuxième mari ?...

— Les enfants ne sont pas avec le deuxième mari, ils sont avec la mère.

— Vous préféreriez peut-être qu'elle prît un amant et ne divorçât pas ?...

— Pour les enfants, cela vaudrait mieux.

— Mais le droit au bonheur, qu'est-ce que vous en faites ?... Eh bien, monsieur, je vous le dis très posément. Une honnête femme bonne mère, divorce et se remarie : Il est plus facile de prendre un amant que de divorcer. L'un d'ailleurs n'empêche pas l'autre, et cela se fait couramment.

Vous avez des idées avancées et même faisandées, mon cher.

—Taisez-vous, sale réactionnaire.

❖

Comme les feux de paille et la forte fièvre, les mariages d'amour ne durent pas longtemps.

❖

De l'homme qu'elle n'aime plus, la femme oublie tout, le nom, le regard, le sourire. La page de sa vie, à elle, redevient entièrement blanche. L'homme qui a réellement aimé se souvient toujours.

❖

Pour la femme, il n'est jamais de vrai bonheur sans amour.

❖

Les femmes les plus cruelles, les plus indignes, les plus mauvaises mères, les plus égoïstes, les plus dévergondées, trouvent toujours le moyen de se faire passer pour des victimes. Elles savent avoir pour elles la valetaille, la Société et ce qu'on appelle le Monde. Ce sont des chattes enragées qui ne griffent qu'à domicile.

En cas de bataille judiciaire entre deux époux, le mari est toujours vaincu parce qu'il est le plus fort.

❖

Le père de famille aujourd'hui n'est aux yeux des magistrats qu'un manœuvre qui travaille, et que sa patronne peut renvoyer quand il a cessé de plaire. Ils le mettent toujours à la porte sans certificat de bonne conduite, sans ses enfants, mais avec la forte somme à payer à chaque fin de mois.

❖

Le principe du divorce est la chiennerie, une impudeur légale, un quadrille avec échange de mari, de femme et d'amant.

Sa conséquence : la destruction du foyer, de la famille, des enfants.

Son but : édifier un semblant de bonheur sur des cadavres !

❖

Un tribunal a condamné un mari qui gagnait douze mille francs par an, à verser à sa femme six mille francs par an, uniquement pour ses toilettes : le mari a cependant le droit de voir les factures !

❖

L'intérêt de l'enfant ! Nous ne nous préoccupons que de l'intérêt de l'enfant ! Voilà la phrase qu'osent prononcer des magistrats français qui, pour ainsi dire jamais, ne refusent le divorce, qu'ils auraient le droit de refuser, et qui, par conséquent, *toujours* sacrifient l'enfance, ce qu'ils ont le devoir de ne pas faire. Qui veulent-ils tromper ?...

❖

Le divorce quand il y a des enfants devrait être aussi difficile à obtenir que facile quand il n'y en a pas. Or les magistrats ne font aucune différence et les enfants ne les empêchent pas de dormir.

❖

On devrait imprimer en gros caractères sur les murs de la quatrième Chambre du Tribunal civil de la Seine, cette phrase :

« *Les pères de famille n'ont pas besoin de plaider ; ils sont morts d'avance, mais les honneurs judiciaires leur seront rendus.*

❖

Se marier, avoir un foyer, une famille. Près de soi, des enfants qui vous caressent, vous aiment et jouent avec vous, c'était délicieux.

Mais Attila est passé par là, a tout brûlé, tout saccagé, tout détruit.

Ce grand homme est Naquet.

❖

Méprise ton père ou ta mère ; aime la maîtresse de ton père, ou ta marâtre ; l'amant de ta mère, ou ton parâtre. Voilà ce qu'enseigne aux malheureux enfants de divorcés cette horrible loi d'Attila.

❖

Sous un masque hypocrite d'altruisme et d'humanitarisme, la Société actuelle est plus mauvaise et plus égoïste qu'elle n'a jamais été. C'est du fumier qu'on cherche à voiler de roses.

❖

Les magistrats doivent tous être de bien mauvais maris à en juger par la façon dont ils traitent leurs confrères en hyménée. Je ne parle pas des magistrats célibataires ; ceux-là leur siège est fait.

❖

Dans les procès de divorce, certains magistrats tirent la garde de l'enfant à cœur ou à carreau et la femme sait toujours bien faire sauter la coupe : il n'y a jamais loin de la coupe aux lèvres.

❖

Votre femme veut divorcer. Vous accordez le divorce à l'amiable. Vous le laissez prendre contre vous. Vous voulez être chevaleresque. Vous n'êtes que ridicule, car vos bons juges vous serviront cela pendant dix ans.

Défendez-vous toujours. Votre cause devient meilleure pendant le sommeil des magistrats.

❖

Les femmes ne vivent que pour l'amour : c'est seulement en lui qu'elles font résider le bonheur : leur conception ne va pas plus loin. Capables de tout par amour, elles savent haïr avec la même force qu'elles savent aimer. Par amour, elles sacrifieront père, mère, frère, sœurs, enfants. Elles ne peuvent vivre dans l'indifférence.

Ce sont des êtres capricieux, fantasques et impulsifs, doux et cruels à la fois, et que ne modère jamais le balancier de la raison ; c'est pourquoi la pendule bat la breloque. Elles dissertent, mais ne raisonnent pas, elles ressentent, mais ne comprennent pas, elles agissent, mais ne prévoient pas.

Elles ne savent dire pourquoi elles aiment, encore moins pourquoi elles n'aiment plus. Il m'a heurté ! est leur grave réponse pour expliquer leur défaillance sans qu'on puisse jamais trouver trace de coups.

Chamfort a dit : Elles n'ont de bon que ce qu'elles ont de meilleur.

❖

A l'en croire, vous serez toujours le promier amant d'une femme mariée.

❖

Les femmes ne parlent aux autres femmes que du bonheur qu'elles reçoivent d'un homme, jamais de celui qu'elles lui donnent. Est-ce par délicatesse ?...

❖

Les femmes mariées les plus heureuses ne sont jamais satisfaites de leurs maris.

❖

Comme toutes les chaînes, celle du mariage se casse parce qu'elle serre trop fort.

❖

Le mariage actuel est un collage légal, agrémenté de promesses fallacieuses, de simagrées, et de discours sur des devoirs réciproques jamais suivis.

❖

Un amant et une maîtresse se voient de temps en temps et s'aiment ; ils habitent ensemble et s'aiment moins. Ils se marient et ne s'aiment plus.

❖

Les vivants qui saluent les morts le feraient-ils si personne ne les regardait ?...

❖

Il devrait y avoir à la porte de toutes les mairies par arrondissement et par année, une liste officielle et complète des numéros perdants du conjungo, je veux dire par là, la liste des séparés et divorcés des deux sexes. Au-dessus de cette liste, l'intrépide candidat matrimonial serait obligé d'écrire ces deux mots : *Quand même.*

Il existe certainement de bons ménages, comme on rencontre des trèfles à quatre feuilles dans la prairie, et des feux follets sur la grève.

❖

Certains hommes se tuent pour des femmes : ils ont raison, ils sont trop bêtes pour vivre.

❖

Les femmes, comme les enfants, sont sensibles aux petites attentions, aux cadeaux. Je ne veux pas dire par là qu'elles soient toutes intéressées : non pas. Mais elles aiment à être choyées, câlinées, dorlotées, gâtées si vous me permettez cette expression.

Elles restent toute leur vie des enfants à qui il est nécessaire de dire souvent qu'ils sont jolis. Le grand tort de beaucoup de maris est d'oublier cela. L'amant ne l'oublie jamais.

❖

Il paraît qu'il y a des femmes, plus femmes que mères, d'autres qui seraient plus mères que femmes. Mais en pratique, et dans tout conflit sentimental, c'est l'amour tout court qui triomphe, au point de diminuer et anéantir l'amour maternel. Les veuves qui ont des enfants et qui se remarient vous diront sans rire, comme les veufs d'ailleurs, qui sont dans le même cas qu'ils le font dans l'intérêt même de leurs petits, pour leur donner un guide, un soutien, un appui moral dans la personne du nouveau mari, s'il s'agit d'une femme qui réépouse, ou une mère pour ses enfants, s'il s'agit d'un veuf qui reconvole. Çà n'est pas mal trouvé. Personne ne dira : J'agis ainsi pour ma propre satisfaction et mon propre plaisir. L'avouer ne serait pourtant que de la franchise.

❖

Les femmes veuves ou divorcées qui se remarient ont toujours d'excellentes raisons à invoquer. Ou j'ai été malheureuse avec mon premier mari, et j'espère être heureuse avec le second, ou j'ai été heureuse avec le premier et j'espère continuer avec le second. Vous ne les ferez pas sortir de là.

❖

Une femme du monde qui s'est prétendue malheureuse avec un premier mari, et en prend un second, de qualité similaire, n'avouera jamais sa mauvaise opération. Elle a pu se faire passer une première fois pour une victime, mais une seconde fois ! L'opinion du Monde qui, chez elle, remplace tout sentiment, ne lui serait pas favorable ; alors, elle *encaisse* comme font les boxeurs.

❖

Une femme qui aime, pardonnera beaucoup de choses à son mari, mais ne lui pardonnera pas de ne pas l'aimer.

❖

Les magistrats viennent siéger trop tôt après leur déjeuner : leurs jugements s'en ressentent.

❖

Les magistrats ont toujours à la bouche cette phrase : Prouvez-le moi. Et quand voulez faire cette preuve ils vous enferment dans un cabinet noir avec un baillon dans la bouche.

Il y a deux solutions à choisir : la solution A et la solution B. Demandez à dix mille, cinquante mille personnes de choisir ; elles prendront l'une ou l'autre. Mettez derrière un pupitre 3 ou 5 magistrats.

Ces gaillards-là vous trouveront une troisième solution à laquelle personne n'avait songé mais que leur sagacité particulière a vite fait de découvrir : ils sont prodigieux.

❖

Le premier époux d'une veuve qui se remarie est bien loin de son esprit et de son cœur. Elle n'y pense que pour ennuyer son second mari en lui parlant des qualités du premier.

❖

L'amour et la loi sont deux ennemis. Vous voulez les faire vivre ensemble, présidés par le mariage. Alors, ils se battent,

❖

Rien de plus intéressant pour un mari ayant des enfants, une grosse situation de fortune et gagnant de fortes sommes annuelles, que le mariage sous le régime de la communauté réduite aux acquêts. En cas de divorce, même aux torts réciproques, le mari devra non seulement rendre la dot de sa femme, mais encore verser a celle-ci la moitié des acquêts, somme qui pourra être considérable.

Vous avez deviné dans la coulisse, l'intéressant jeune homme à l'affût des bonnes occasions. Le divorce est prononcé. Il prend la femme, la dot, les acquêts et le tour est joué, Inutile d'ajouter « les enfants à la mère ». Passez, muscade. « Il s'agit, vous n'en doutez pas, de l'intérêt de l'enfant.

❖

Ne pourrait-on pas remplacer les magistrats par une combinaison ingénieuse de machine à écrire et de phonographe ?...

❖

Les femmes détestent jusqu'aux enfants d'un homme qu'elles n'aiment pas.

Il est bien cruel de jeter la pierre aux malheureuses femmes obligées de vivre de leur chair et de leur corps, et d'absoudre aussi facilement les grues mondaines et légales.

Mais la Société et la justice sont ainsi faites : le pavillon du mariage couvre et protège la fange et l'adultère, la courtisane et le barbeau.

❖

Une femme en instance de divorce et qui va trouver un président de tribunal a pour elle deux armes puissantes : les larmes et le canapé. Quand les premières ne réussissent pas, la seconde triomphe toujours.

❖

Le Monde dit parfois en parlant d'un avocat : il a l'oreille du tribunal.

L'oreille ?... vous voulez rire. Il a le sommeil du tribunal. Quant au sommeil de la Cour, ou sommeil d'appel, il est toujours meilleur et plus calme.

D'ailleurs, avant de nommer un magistrat, une opération s'impose immédiate : la vaccination contre la maladie du sommeil.

❖

La déformation mentale, professionnelle, de l'être humain qui vit du Code et de la moisissure judiciaire, ressemble à ces vieux rhumatismes noueux et chroniques contre lesquels les meilleurs baumes sont impuissants :nous n'avons pas le droit d'amputer, mais celui de payer.

❖

En parlant des enfants de divorcés, lamentables épaves de cette horrible loi d'anarchie et de misère, les hommes et les femmes vous diront : « C'est bien malheureux pour les enfants, cette situation-là. Ils diront cela après... jamais avant. Ce sont des bandits qui, leur coup fait, s'apitoient sur leurs victimes, des paillasses qui coupent la tête et s'étonnent de ne pouvoir la recoller.

Les mariages de raison durent souvent plus longtemps que les mariages d'amour, comme la bonne amitié dure plus que la passsion, le volcan que l'éruption, la mer que la tempête, et le néant que tout cela.

❖

La loi sur la recherche de la paternité est très amusante. C'est bien là un problème de magistrats. Trouver ce qu'ignorent souvent les mères elles-mêmes.

❖

Le Mariage est une loterie dit-on. Je constate qu'il y a peu de numéros gagnants ; ces numéros-là restent probablement au fond du sac, et c'est un bien vilain défaut que d'être joueur.

❖

La plupart des femmes n'aspirent à la liberté que pour l'aliéner à nouveau et le plus vite possible.

Dans le monde qualifié de « chic » la plupart des femmes confient leurs enfants à des mercenaires décorées du nom de miss ou de nurse, vocables préférés à celui de gouvernantes. C'est un élégant moyen de se débarasser de leur progéniture.

Elles regardent avec indulgence, sinon avec pitié, les mères de famille qui, conscientes de leurs devoirs, s'occupent de leurs enfants et les premières répondront stupidement : mais, je peux payer, j'ai de l'argent, en qualifiant les dernières de mères gigognes, parce qu'elles font ce qu'elles mêmes devraient accomplir sans déchéance. Et nos bons magistrats avec leur ritournelle des « enfants à la mère » confient en réalité, après divorce, ces petits malheureux à des cuisinieres, à des femmes de chambre, à des grooms, à des concierges, à n'importe qui, Ajoutez à cela l'enfant tiraillé entre ses parents, son petit cerveau saboté par des intrigues, des réflexions, des injures réciproques, et vous pourrez vous faire une idée de l'instruction, des sentiments et de l'éducation de ces enfants-là. Le remède, demandez-vous ?... Quand il y a des enfants pas de divorces. Tant pis pour les adultes. L'enfant n'a pas demandé à naître et les parents qui les sacrifient pour des plaisirs d'alcôve sont des misérables.

❖

J'ai souvent entendu les femmes dire d'un homme : il ferait un bon mari. Je n'ai jamais entendu les femmes dire d'une autre femme : elle ferait une bonne épouse. Cela doit être sous-entendu.

❖

La femme douce, aimante, caressante fait une maîtresse exquise mais une épouse souvent dangereuse. La femme autoritaire, dure et égoïste ne peut rien faire du tout. Elle n'est pas de son sexe.

❖

La vraie bonté, chez la femme, ne va presque jamais sans faiblesse.

❖

Dans les classes riches, le mariage est une affaire : un des partis est toujours roulé.

La chasse au mari est un sport qui se pratique encore de nos jours; mais le gibier part maintenant de très loin et devient méfiant.

❖

Vous pourrez dire à un sot ou à une sotte amoureuse tout ce que vous voudrez, vous ne l'empêcherez jamais de faire une sottise.

❖

Un des plus grands bonheurs qu'un homme puisse souhaiter est de mourir avant ceux qu'il aime.

❖

On n'a pas le droit de tuer mais celui de faire mourir. La Société et son bouclier, le Code, reposent sur cette distinction.

❖

Chez la femme, la bonté est le véritable trésor : la beauté n'est que l'écrin trop souvent vide.

On ne bâtit pas son bonheur sur le malheur des autres, on construit mal sur un gouffre : le passé est une pieuvre qui serre, enlace ou broie.

❖

Certaines gens se refont une vie comme ils changent de vêtement, mais au fond, il n'y a que la pelure qui varie, la fleur se fane toujours en changeant de vase.

❖

La vie est un cauchemar, les illusions en sont les heures d'extase sous la morphine, et la mort : le réveil.

❖

Faire des affaires consiste à enlever légalement à autrui ce qu'on ne peut lui prendre d'une autre façon.

L'âme humaine, au contact de la vie, se culotte comme une pipe, se noircit comme elle, ou éclate.

❖

Il est plus facile, au théâtre de faire rire que pleurer, parce que le monde comprend plus aisément la sottise et la plaisanterie, que la douleur et la bonté.

❖

Les méchants meurent souvent de leur méchanceté, comme meurent les frelons après leur piqûre.

❖

Il est bien curieux de voir les méchants haïr surtout ceux auxquels ils ont fait le plus de mal.

❖

Pour la plupart des gens, avoir du caractère, c'est avoir mauvais caractère.

Faire comme tout le monde est pour beaucoup de gens l'unique règle de conduite de leur vie : ils jouent la comédie stupidement, parce que les autres la jouent; mais ils ne comprennent pas leur rôle et sont grotesques parce qu'ils laissent involontairement tomber leur masque et leur perruque : ce sont de mauvais clowns.

❖

On ne peut se douter à quelles bassesses peuvent arriver certains êtres humains pour se faire décorer, ni le mépris qu'ils réussissent à inspirer aux honnêtes gens en portant ces décorations. Ils ne produisent réellement bon effet qu'à eux-mêmes, en se regardant dans la glace.

❖

Le monde dit volontiers d'un individu : c'est un original; parce que l'homme en question n'est pas marié, ne suit pas les enterrements de gens qu'il ne connaît pas, ne demande pas à être décoré, et se moque de l'opinion des imbéciles.

Comme le marôquin, le politicien s'écrase ou s'aplatit, mais contrairement à lui, il ne se chagrine pas.

✥

Les simagrées ridicules que les gens font aux enterrements peuvent faire redouter, non pas la mort, mais les obsèques.

✥

Si Dieu a mis l'amour sur la terre pour guérir le chancre de la vie le remède est pire que le mal, car il a oublié d'indiquer la manière de s'en servir sans occasionner d'accidents.

✥

Il faut, à l'honnête homme qui fait le bien, une âme d'apôtre et de saint pour ne pas être rapidement dégoûté de son métier.

Dans un récent procès de divorce, un homme de lettres, parfaitement honorable, avait obtenu en première instance, après adultère dûment constaté de son épouse le divorce et la garde de sa petite fille. Le jugement mentionnait en substance l'inconduite et l'indignité absolues de la mère. Celle-ci alla en appel et nos bons magistrats, fidèles à leur tactique des enfants à la mère, ont infirmé le jugement de première instance.

Il s'agissait d'une petite fille et vous pensez bien qu'entre un père de famille honorable et qui adore son enfant et une femme qui ne peut donner à sa fille que l'exemple le plus pernicieux, les magistrats n'ont pas hésité; il s'agissait d'une fille; donc, ils l'ont donnée à la mère.

Le résultat : le mari a tué la femme.

Mais sur quoi vous appuyez-vous, sur quel texte de loi vous basez-vous, ô magistrats, profonds psychologues que vous êtes, pour donner toujours et quand même les filles à la mère. Si l'adultère dûment constaté de la femme, ne vous suffit pas pour arracher à une grue légale un enfant qui pourrait être sans vos jugements néfastes, sauvé de la perdition, dites, mais dites donc ce qu'il vous faut.

Vous vous êtes trompés, dites-vous. Mais à qui ferez-vous admettre qu'une femme reconnue indigne d'avoir sa fille en première instance est un modèle de vertu en appel ?... Alors ?...

Alors, ou vous ne distinguez pas le blanc du

noir, et vous êtes des malades tributaires de maison de santé, ou bien vous êtes de véritables maniaques, de dangereux érotiques subjugués par le jupon, les plus effrayants ennemis, les plus féroces tortionnaires légaux, qu'un père de famille puisse rencontrer sur son chemin pour se faire voler ses enfants, au nom d'une loi exécrable que vous appliquez inconsciemment.

❖

On parle d'imposer les célibataires. Voilà vraiment qui dépasse la mesure, dans un pays où l'éducation des jeunes filles, la protection légale de l'adultère, le ridicule, le grotesque et la ruine qui s'attachent au titre de mari, rendent impossible ou odieux l'état conjugal.

❖

Vivre sa vie, refaire sa vie, chacun sa vie, les deux vies, les trois vies, les quatre vies, etc...

Voilà le plat du jour !

La recette est simple : cœur de gigolo et de courtisane dans une casserole d'égoïsme.

Pourquoi n'enverrait-on pas des lettres de divorce, comme on envoie des lettres de mariage et aux mêmes personnes qui ont été précédemment invitées à la cérémonie nuptiale ?... Ce serait vraiment poli d'avertir la société comme on l'a fait une première fois. On glisserait dans la lettre d'invitation une carte de lunch, le nom de l'amant, son âge, ses performances, et l'on terminerait la cérémonie par un peu de bonne musique. On jouerait par exemple *la Marche triomphale des enfants à la mère* ou : *Dors, mon président ! je t'aime, mon cœur est à toi...* ou *Pauvre mari, que viens-tu faire ici ?... la justice est gratuite, garde ton argent.*

❖

Aux personnes qui hésitent sur le choix d'un cadeau de noces à offrir à leurs amis, je prends dans la liste des articles de ménage suivants ceux qui me paraissent pouvoir rendre quotidiennement le plus de service.

Deux paires de gants de boxe,

deux revolvers,

deux petites haches ;

Deux termophores pour conserver l'huile bouillante et le plomb fondu.

Deux couteaux à virole,
deux arcs avec un lot de flèches empoisonnées,
deux boîtes de témoins portatifs et articulés,
un trousseau de fausses clefs pour tiroirs-secrétaires,
une boîte de détectives privés pour enquêtes, filatures,
deux muselières en acier chromé,
une boîte à pansement — dite boîte conjugale, comprenant bandes, charpie, aiguilles, soie, sels et flacon d'arnica,
deux seringues de Pravaz et deux douzaines d'ampoules de sérum antirabique,
un casse belle-mère,
un casse-amant.
Enfin un phonographe qui répétera constamment au jeune ménage le grand air de Faust : *Salut ô mon dernier matin.*

Prière d'un mari le soir avant de s'endormir

Dieu de bonté et de miséricorde,
Toi qui tiens dans ta main l'âme de tout vivant et le souffle de tout mortel,
Me voici, couché près de cette côte enlevée autrefois à notre père Adam, et devenue par la suite des Temps une côtelette souvent indigeste, qui,

contrairement au même organe pris chez les ruminants, ne s'attendrit pas en vieillissant.

Pour la conduire, Seigneur, à ce bonheur qu'elles désirent toutes sans jamais le trouver, il n'y a pas de robes, pas de chapeaux, pas d'aigrettes, pas de perles, pas de diamants et autres pierres précieuses que je ne lui aie offerts, pas de spectacles auxquels elle n'ait assisté et auxquels je ne me sois laissé traîner, pas d'attentions petites et grandes que je n'aie eues pour elles, pas de désirs qui n'aient été exaucés.

Elle voulait un amant, elle l'a. Elle voulait un enfant qui ne fût pas de moi, elle le possède également : elle prétend maintenant m'en offrir un second du même personnage, et je résiste, me souciant avant tout comme font nos magistrats, de l'intérêt de l'enfant.

Elle est donc, Seigneur, parfaitement heureuse.

Et j'ai peur, cependant, de m'endormir à ses côtés ! Si je ne devais pas me réveiller demain matin ! je ne crains pas la mort, mais la souffrance ! Si elle me manquait !

Comme j'avais froid tout à l'heure, j'ai poussé la fenêtre de ma chambre à coucher et ma femme m'a dit cette simple phrase : Gros égoïste, tu me le paieras.

Tu me le paieras ! qu'entend-elle, Seigneur, par ces mots :

Tu me le paieras ?... Je lui ai déjà tellement payé de choses depuis le début de mon mariage.

J'ai peur, Seigneur, j'ai terriblement peur, ce soir, j'ai rangé tous les couteaux dans le buffet de la salle à manger, j'ai caché le revolver conjugal au fond d'une armoire et j'attends pour m'endormir qu'elle me donne l'exemple ; mais elle ne veut pas dormir. Elle me répète depuis plusieurs jours la nuit également dans ses rêves, qu'elle veut « vivre sa vie ». N'ai-je pas le droit d'en conclure qu'elle veut supprimer la mienne ?... Comment sortira-t-elle de cette impasse ?... Oui, je sais, il y a le divorce. Mais je suis déjà son troisième époux, je crains bien de ne pas être le dernier, et je crois qu'elle n'ose plus s'adresser à la justice de son pays.

Comme enfants, nous en possédons deux du premier lit, trois du deuxième lit, car on confie toujours les enfants à la mère, un de moi, et l'autre de son amant comme je vous le disais, Seigneur, précédemment.

Chaque époux précédent demande à voir ses enfants, de sorte que je suis obligé d'envoyer les cinq enfants à des jours différents chez des pères également différents.

L'amant seul est vraiment gentil. C'est un homme du monde qui ne me crée aucun ennui, en demandant à voir son enfant à jour et heure fixes. Mais les autres, mes prédécesseurs maris, quelle engeance !

Et quand je songe que si elle prend un quatrième mari, je serai obligé de faire comme les autres, car j'adore mon fils et, ce qui est terrible, j'aime aussi l'enfant de l'autre, celui de l'homme du monde. Que faire, Seigneur?... C'est effrayant! Inspire-moi, Dieu bon, Dieu juste, toi qui donnes aux petits oiseaux leur pâture, aux femmes leurs maris et à l'humanité le bonheur.

En somme, ma femme en est à sa troisième existence conjugale ; moi, je n'en suis qu'à ma première. Et quelle première !

Si j'allais consulter les grands champions des droits de la femme, de ces nobles éclaireuses qui, comme disait un éminent maître du barreau parisien, savent si bien, par une impudeur légale, passer des bras d'un premier mari dans les bras d'un second.

Si j'allais demander à ces apôtres du droit au bonheur, des familles libres, des unions libres, des femmes libres, ce qu'il faut faire quand on possède une épouse qui en est à sa troisième existence, pour l'empêcher de faire sa quatrième en vous supprimant. Ils riraient de moi, les cruels, et répondraient qu'il n'y a pas lieu à enquête.

Seigneur ! Dieu tout-puissant ! Soulage ma misère ! Calme mon irascible moitié, permets-moi de voir encore demain luire le soleil et je deviendrai féministe !

❖

Presque tous les maris ont, au moins les premiers temps de leur mariage, une confiance aveugle, absolue, en leurs femmes. Ils sont convaincus d'avoir, au point de vue du sentiment, de l'affection, une compagne dévouée comme peut l'être une mère, une sœur. L'influence toute morale de la mairie, la communauté de vie et d'intérêt, l'affection qu'ils éprouvent pour leur compagne, l'idée qu'ils se font du mariage, l'opinion qu'ils en ont et que les femmes, par leur nature même ne peuvent partager, tout leur faire croire à une réciprocité d'affection, de bonne camaraderie et de sollicitude de la part de leur épouse. Les malheureux, ils ne sont que les dupes et les victimes d'une confiance qu'ils endossent en même temps que la camisole de mari.

Les enfants a la mère

Journal *le Matin* du 1er novembre 1913 :

M. X... de religion israélite, a épousé une catholique. Celle-ci a obtenu le divorce contre son mari et la garde des deux enfants issus du mariage. M. X... demandait hier devant la troisième chambre que la garde des deux enfants lui fut désormais confiée.

Mon ex-femme, disait-il, envoie mes enfants dans une école congréganiste où mes pauvres petits sont bafoués par leurs camarades qui leur répètent sans cesse : Ah ! les sales juifs ! on ne joue pas avec les sales juifs !

Après plaidoirie de Me Adrien Peytel, le tribunal a renvoyé à huitaine pour le prononcé de son jugement.

Vous devinez, mes chers lecteurs, ce qu'a été le jugement. Vous ne pouvez pas hésiter. Les enfants continueront à être traités de sales juifs ; la mère gardera le droit de les faire ainsi traiter, en conservant celui de les maintenir dans l'école en question, Quant au père, le tribunal le condamne aux dépens et chose admirable, lui restreint ses droits de visite et la faculté de voir ses enfants. Le tribunal estimant probablement que, de cette façon, les pauvres enfants pourront se plaindre plus difficilement à leur malheureux père.

Notez que ce dernier demandait subsidiairement au tribunal que les enfants fussent changés d'institution au cas ou le tribunal croirait ne pas devoir les lui confier à lui-même. Débouté sur toute la ligne.

Conversation entendue dans un salon

Première madame. — Oh ! comme vous avez eu raison de le quitter, ma chère. Je n'aurais pas eu, quant à moi, votre patience. Un brutal, un jaloux ; je n'aurais pas attendu six mois pour divorcer. Oh ! l'odieux personnage.

La dame en instance de divorce. — Une vie impossible, des scènes, un enfer, ma chère. Aucune délicatesse, pas la moindre attention, un mari honoraire qui me négligeait, ma chère, qui me délaissait ; je ne peux plus le voir.

Première madame. — Pauvre petite ! comme vous avez dû souffrir !

La dame en instance. — Comment, souffrir ! Une véritable torture, ma chère, mais pour mes enfants mêmes, je devais quitter ce grossier personnage.

Première madame. — Mais certainement, ma pauvre petite. Puisque vous avez vos enfants avec vous, ces chers petits seront très heureux.

La dame en instance. — Mais très heureux. J'ai pour les soigner une personne très bien, très dévouée et très discrète et qui ne peut pas sentir son mari.

Première madame. — Voilà qui est précieux pour vous ; elle pourra témoigner au procès, et, d'ailleurs, vous n'êtes pas indigne ; pourquoi vous retirerait-on vos enfants !

La dame en instance. — Oh ! aucune crainte à ce sujet, ma chère. Mon avocat me l'a affirmé. Mon mari n'a à produire contre moi que des lettres sans importance, et puis, quand même, n'est-ce pas, quand on a comme mari un semblable individu, on est bien excusable.

Première madame. — Mais certainement, ma mignonne chérie ; pourvu que votre mari ne vous crée pas de difficultés ; surtout à cause de l'autre qui attend.

La dame en instance. — Oh ! oui, mon trésor, mon Raoul. Comment fera-t-il pour patienter si longtemps ?...

Première madame. — Et les acomptes ?

La dame en instance. — Non, ma mignonne adorée. Ça n'est pas cela. Il me veut toute, toute à lui.

Première madame. — Un peu de patience, et vous retrouverez ce bonheur que je vous souhaite entier, absolu. Et vos enfants, assisteront-ils à votre noce ?...

La dame en instance. — Oh ! méchante... Vous savez bien que mes enfants vont trouver en Raoul un vrai papa : cet homme m'aime tant moi-même ; il ne peut pas ne pas aimer mes enfants !!!

Les femmes, en général si vaniteuses, si orgueilleuses, souvent si fières de leur corps ou de leur beauté sont toutes et sans exception, persuadées qu'après avoir abandonné le père de leurs enfants pour vivre avec un amant ou un nouveau mari, ce mari ou cet amant doit nécessairement aimer les enfants de la femme comme ils aiment la femme elle-même ; elles pousseront même la fatuité jusqu'à affirmer que le père des enfants, l'homme qu'elles ont abandonné, ne peut continuer à aimer ses enfants qu'en les aimant encore elles-mêmes, et que l'affection qu'il continue à prodiguer à ses enfants après la fugue de leur mère cache un amour mal déguisé et non éteint pour celle-ci. C'est de l'aberration féminine, ultime fierté de malheureuses, qui n'ont pour excuse que leur faiblesse.., ou leur sottise.

En matière d'amour, et contrairement à ce qui se passe au théâtre les derniers arrivants sont les mieux placés : les acteurs connaissent mieux leurs rôles et ne trébuchent plus dans les décors.

Je lis dans le journal *Le Journal*, 24 février 1914, l'information suivante :

« On divorce trop en Amérique. En 1867, on constatait vingt-sept divorces pour cent mille habitants, et en 1906, on en constatait quatre-vingt-six.

« Cette progression s'accentuant chaque jour, les gens sérieux outre-Atlantique commencent à s'en inquiéter. C'est ainsi que l'honorable sénateur Ransdell, de la Louisiane, vient de déposer une proposition de loi tendant à abolir là-bas le divorce (absolu), c'est-à-dire le divorce avec faculté de se remarier. »

Enfin, il se trouve un homme que *révolte sous couvert de droit au bonheur* la chiennerie contemporaine, le sacrifice légal des enfants, les chassés-croisés de mari et d'épouses, l'union libre hypocritement déguisée avec, comme l'a dit si justement un auteur moderne, la mairie pour maison de passe.

Voici les statistiques publiées par le ministère de la Justice en France dans le « Compte général de la Justice civile et commerciale ».

2.330 demandes en divorce en 1885.

15.541 demandes en divorce en 1913.

En l'année 1885-1886, il y avait 14 divorces pour

1.000 mariages célèbres; de 1906 à 1910, la proportion s'élève à 42 divorces pour 1.000 mariages célèbres: et tout permet de supposer que nous ne nous arrêterons pas en si bon chemin.

Si la proportion continue à augmenter et il n'y a aucune raison pour croire à un ralentissement des affaires, c'est du 25 pour 100 que pourront d'ici peu nous offrir les bons apôtres de « Vivre sa vie ».

Fiers de leur œuvre néfaste, ils pourront y ajouter la liste des malheureux enfants, des innocentes victimes que leur passion de criminels jouisseurs n'aura pas hésité à sacrifier sur l'autel de l'égoïsme et de la volupté.

❖

En amour, un des deux aime toujours plus que l'autre et les ménages où la femme aime davantage sont généralement les moins mauvais.

❖

Une femme qui parle de son mari a toujours l'air d'être en pénitence.

La ruse est chez la femme le passe-partout de sa faiblesse.

❖

Deux femmes du monde qui se rencontrent dans la rue ne se dévisagent point, mais se déshabillent : elles se croisent sans se reconnaître ; peuvent décrire la robe mais pas la physionomie. Elles sauront la couleur du bulletin de vote, l'élégance du papier, mais pas le nom du candidat. Laissez-les donc voter.

❖

J'entends dire que le mariage n'est qu'un échange de concessions réciproques. Oui, mais on ne fait de concessions que quand on aime et cela revient-il à dire que deux époux sont obligés de s'aimer toujours ?..

❖

La douleur morale de la femme ressemble aux douleurs de l'enfantement. Elle peut être forte, mais ne dure pas.

Dans le divorce, la vraie, la pitoyable victime est toujours l'enfant. Pour qu'il en soit autrement et malgré les paradoxes de certains ironistes, il faudrait chez les parents divorcés des âmes de saint et de sainte, et s'ils étaient ainsi ils ne divorceraient pas.

❖

Il faut être bien triste pour ne pas éclater de rire en entendant un mari dire : MA Femme.

❖

C'est une plaie de l'amour-propre et de la vanité qui fait souffrir l'homme dans la jalousie plus qu'une meurtrissure de l'amour, tandis que la jalousie chez la femme torture l'être tout entier, le cœur et surtout les sens.

❖

Une femme intelligente ne peut plaire aux autres femmes que par sa laideur.

Les femmes vivent au jour le jour, cueillent le bonheur comme des violettes, ignorent les chemins suivis et ne craignent ni les ronces, ni les épines.

La femme de demain

Dans une feuille que j'ai sous les yeux et qui a pour titre : *La Femme de demain*, journal dirigé par des dames. Organe du groupe français d'études féministes et des droits civils des femmes. Je vois en gros caractères imprimés ce qui suit :

Deux désirs de femme

Premier désir	Deuxième désir
Avoir un Joli teint.	Posséder une belle chevelure.

Jusqu'ici, comme revendications sociales, cela n'est pas méchant ; et le vilain sexe, même les chauves souscriront volontiers à ces droits civils.

Je lis ensuite en première page :

« Un préjugé a longtemps régné qui considé-
« rait le cerveau masculin comme détenteur à peu
« près exclusif de la puissance géniale créatrice.
« Il tend à disparaître (ah ! ah !) et lès féministes
« le combattent de toutes leurs forces (oh ! oh !),
« espérant l'anéantir complètement. »

Mais c'est fait, madame, ce préjugé est complètement anéanti. Ce n'était qu'un mauvais rêve. Il n'y en a plus. Nous ignorons tous Napoléon pour ne connaître que Joséphine.

Je lis en deuxième page, toujours dans la *Femme d'après-demain*, un délicieux article de Mme Oddo Deflou, s'il vous plaît, intitulé « La crise des bonnes, cause de la dépopulation ».

Ah ! ah ! vous ne savez pas pourquoi, d'après Mme Oddo Deflou, la France se dépeuple ?... Parce que — retenez ceci — les femmes de chambre, cuisinières et bonnes à tout faire (et ces dernières sont les moins excusables) ne veulent plus rentrer chez des gens qui ont des enfants.

Et voilà pourquoi les patrons et les patronnes n'en font plus.

C'est la faute aux bonniches !!!

J'arrive alors au bouquet parfumé et féministe de la troisième page :

Parmi les droits civils que les femmes doivent réclamer, citons celui-ci : toujours d'après Mme Oddo Deflou :

« Répartition entre les deux époux de la puissance paternelle. »

Vous m'entendez bien ?... Mme Deflou veut que la mère soit en même temps un père. Excusez-moi, Madame, je ne me sens pas capable de continuer la discussion.

En amour, l'homme se prête, la femme se donne. Tout est là.

❖

Bien des femmes font mal leur métier parce qu'il leur manque deux outils de travail indispensables : la douceur et la caresse.

❖

Entre une femme qui rit et une femme qui pleure, on peut toujours se demander celle qui a du chagrin.

❖

La femme est une esclave libre qui croit trouver son bonheur en changeant sa chaîne.

❖

N'écrivez jamais à votre femme ou si vous le faites, voici la lettre : je t'adore, je t'adore, je t'adore. C'est tout. Ne signez pas, elle ne devinera jamais que c'est de vous.

❖

Je lis dans le journal *Le Matin*, du 15 mars 1914 :

Un mari va surprendre sa femme chez son amant. Procès. Le mari est condamné pour violation de domicile ! Amen.

❖

Pour constater un flagrant délit d'adultère, le commissaire de police ne suffit plus, il faut une ordonnance du juge d'instruction : il en faudra bientôt une du président du tribunal, du président de la Cour d'appel, des deux Chambres, et du Président de la République !!

❖

Chez l'homme le désir précède l'amour, chez la femme, il le suit.

Il faut chercher les honnêtes femmes avec des verres fumés sur les yeux... pour ne pas être ébloui.

❖

Dans le mal que fait ou cherche à faire une femme, il y a presque toujours plus d'inconscience que de méchanceté.

❖

Il existe entre les femmes un véritable esprit de corps. Pour comprendre, il faut être du bâtiment.

❖

Après quelque temps de mariage, les femmes exigent encore le mari-amant, et quand elles disent: Il me délaisse! Traduisez: Il me laisse tranquille.

Une femme qui trahit un homme lui en veut surtout de ne pas s'en apercevoir. Elle le juge niais; ou de la laisser faire. Elle l'appelle goujat.

❖

Les femmes ne meurent pas de chagrin, mais de solitude et d'ennui... quand l'autre ne vient pas assez vite.

❖

Le menu de l'amour comprend hors-d'œuvre, rôti, entremets. Le bon cuisinier n'oublie aucun mets...

❖

Se croire aimé par sa femme, passe encore: mais en être sûr; non, il faut être par trop bête!

❖

Quand une femme en colère s'oublie à appeler son mari « cocu » il ne l'est probablement pas, mais quand cette même femme, câline et caressante lui dit « mon chéri » il y a des chances...

❖

Une femme se console souvent de son amant dans les bras de son mari.

❖

Les femmes peuvent avoir des regrets, jamais de remords.

❖

Beaucoup de femmes stupides battent leurs enfants parce qu'ils leur ressemblent et crient « à l'assassin » quand on les touche elles-mêmes.

❖

Plus que la mort, les femmes craignent la vieillesse : ce qu'elles redoutent le plus au monde est en effet de ne plus être aimées.

Loi du divorce

L'horrible, l'exécrable loi du divorce; loi de misère, de deuil et de larmes, loi destructrice du foyer et de la famille, loi d'égoïsme faite pour donner l'illusion du bonheur à ceux qu'elle empoissonne de chimères et d'utopies, loi de dupe qui promet la liberté et permet de la reprendre; loi de haine maudite par l'orphelin qu'elle condamne et qu'elle ruine; loi d'anarchie, de suicide et de meurtre, qui, faisant miroiter le paradis, ne procure presque toujours que l'enfer et la douleur.

Après le divorce

Après le divroce, le père et la mère ne peuvent être, vis-à-vis de leur enfant que d'une extraordinaire faiblesse, à la fois par pitié et par intérêt. Par pitié, car l'enfant est malheureux. Par intérêt, pour éviter de la part de l'enfant, tout ressentiment et toute rancune. Que peuvent alors devenir des enfants, sur lesquels toute prise morale est impossible.

❖

Un mari trompé ne peut mieux se venger de sa femme qu'en l'obligeant à épouser son amant:

c'est une location avec contrainte d'achat : on ne reprend pas la marchandise.

❖

Il existe un journal intitulé « *les Droits de l'homme* », un autre « *les Droits de la femme* ». Il en manque un, « *les Droits de l'enfant* ». Qu'attend-on pour nous en parler ?

❖

L'homme et la femme ne sont pas faits pour « vivre ensemble » mais pour « coucher ensemble ». Il y a une nuance.

❖

Une femme du monde oubliera plus facilement de commander son déjeuner que sa dentelle.

❖

Un homme peut aimer les enfants d'une femme qu'il n'aime pas ou qu'il n'aime plus parce qu'il peut les aimer avec le cerveau et avec le cœur. Une femme ne peut aimer les enfants d'un homme qu'elle n'aime pas, parce que le cœur chez elle l'emporte sur le cerveau ; la sensibilité l'emporte sur la raison.

❖

Les femmes courent après le bonheur comme les poules après les graines qu'on leur jette... Elles ne savent laquelle prendre ni quand s'arrêter.

❖

Dans les journaux les femmes lisent le feuilleton, dans la vie le roman. Elles n'aiment pas les indicateurs de chemin de fer, et il est toujours curieux de les voir chercher un train.

❖

Il est aussi ridicule à un mari de demander à une jolie femme d'être fidèle que de demander à un être humain de ne manger qu'un plat et toujours le même à chaque repas.

Il est heureux que la loi n'oblige pas un mari ou une femme divorcée à se remarier. Mais j'ai bon espoir, cela viendra. En attendant la Sottise suffit à corriger le Code.

❖

En adoptant la monogamie qui est l'antithèse dela nature, la civilisation et la comédie humaines ont engendré en même temps le crime et l'adultère qui en sont la conséquence: On ne peut dompter ni les sentiments, ni la nature. Il faut subir ses lois. La monogamie s'y refuse; d'où conséquences.

❖

La femme! associée de son mari! Non... laissez-moi rire.

❖

Entre l'amour de leurs enfants, et l'amour tout court, bien des femmes du monde n'hésitent pas. Elles sont mères... parce qu'elles ne peuvent faire autrement. Mais quel trouble, quels ennuis, quel esclavage que leur progéniture. A nous les anges gardiens.

❖

La plus grande injure qu'un homme puisse faire à une jolie femme est de ne pas la trouver belle.

❖

Du journal *le Matin*, 29 mai 1914 :

Pendant qu'elle tue son mari, elle appelle au secours.

(*Sans commentaires*).

Imp. Jouve et Cie, 15, rue Racine, Paris. — 6041-10

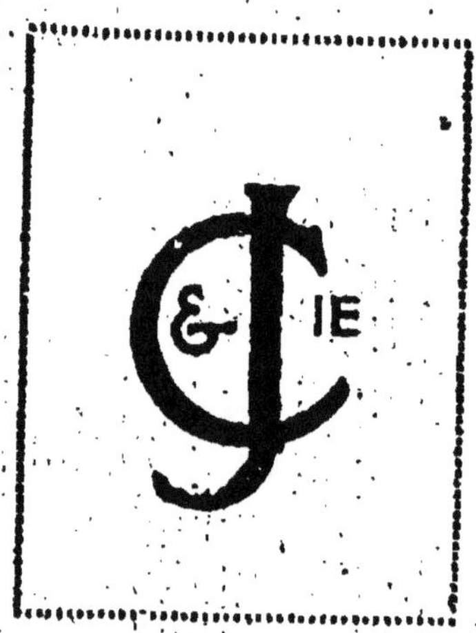
&
IE

www.ingramcontent.com/pod-product-compliance
Lightning Source LLC
LaVergne TN
LVHW020355230826
846091LV00003B/1114

* 9 7 8 2 0 1 3 3 4 6 9 1 7 *